Voy a leer

Selección y adaptación de textos

Carmen Lomas Pastor

Ilustraciones

Pilar Campos Fernández-Figares

Editora Social y Cultural, S. L.
Costa Brava, 6
28034 Madrid (España)
Tel.: 91 431 92 05
Fax: 91576 90 53
sc@fomento.edu
www.editora-sc.es

Selección y adaptación de textos:	Carmen Lomas Pastor
Ilustraciones:	Pilar Campos Fernández-Figares
Dirección editorial:	Ana Rueda Roncal
Coordinación editorial:	Dolores Rodríguez Fraile
Coordinación de producción:	Juan Carlos Gómez Morán
Maquetación:	Andrés Castillo Martín
Impresión:	ORYMU, S. A. Ruiz de Alda, 1-3 28320 Pinto (Madrid)

El empleo de las formas masculinas en este cuaderno pretende facilitar de un modo sencillo la lectura del texto y evitar así la constante referencia al femenino y al masculino. No refleja, por tanto, ningún prejuicio sexista.

ISBN: 978-84-8077-410-9
Depósito Legal: M-25013-2010

Presentación

Este libro está dirigido a los niños y niñas que empiezan a leer. Está pensado para ser utilizado en el último trimestre de 5 años de Educación Infantil y en el primer trimestre de 1° de Primaria. Contiene cuentos, poesías, adivinanzas, trabalenguas..., y algunas curiosidades que gustará conocer a los pequeños lectores.

Es un libro para ejercitar la lectura —no para reforzar los conocimientos aprendidos en el aula— y enseñar a los pequeños que leer es divertido, que leyendo se disfruta y se descubren muchas cosas. Es un libro para gozar del mundo donde viven las palabras.

He elegido textos que hacen relación a realidades cercanas a los niños: *La familia, La Navidad, El mundo de la fantasía, La lectura, Los colores, Los animales domésticos y los que viven en los bosques y la selva, La música, Las estaciones del año, El día y la noche.*

Para cada tema se han dedicado seis páginas, en las que se puede encontrar:

- Un **cuento breve** tradicional o extraído de algún libro actual de literatura infantil.
- **Poesías, rimas y canciones.**
- **Adivinanzas y/o trabalenguas.**
- Un **texto corto en prosa**, en algunos casos.
- Un apartado, ***¿Sabías que...?,*** con algunas curiosidades interesantes para los niños.

Soy consciente de que algunas palabras son desconocidas para el niño, pero me ha parecido enriquecedor incluirlas dada la atracción que para él tiene su sonoridad y a su gran capacidad de aprendizaje en esta edad.

El objetivo que pretende este libro es facilitar el desarrollo de las destrezas lectoras, y en ningún caso alejar de la lectura al alumno por una mala experiencia lectora originada por adelantarse a su proceso. Es muy frecuente que los niños de cinco años ya conozcan el mecanismo lector y muchos hayan comenzado a leer, pero el profesor no debe forzar el proceso lector, y no utilizará este libro con toda la clase sino con aquellos niños cuyas competencias lectoras lo permitan.

Una sugerencia para animar y facilitar la lectura es que el profesor lea el texto en voz alta, provocando la participación oral de los alumnos. Luego, aquellos que ya sepan leer, leerán directamente en el libro lo que ya conocen por la lectura del profesor.

ÍNDICE

TEXTOS EN PROSA	ADIVINANZAS	TRABALENGUAS, RIMAS Y CANCIONES	SABÍAS QUE...
	La abuela	Trabalenguas: Para papá, pan...	Los árboles genealógicos
	El invierno El pingüino	Rima: El frío de invierno...	Los icebergs
Los Reyes Magos	Los Reyes Magos		La ciudad de Belén
El gigante Gigantón	El fantasma	Trabalenguas: A Cuesta le cuesta...	Los unicornios
	El libro		La biblioteca
La familia de Jorge			El arco iris
	El cisne El perro El gallo	Trabalenguas: Mi caballo pisa paja... Canción: Ratón que te pilla el gato...	Los ciempiés
	La amapola Violeta Las abejas	Trabalenguas: Un limón y medio limón...	El helicóptero
Siete hermanos músicos	El tambor	Canción: Bartolo tenía una flauta...	El eco
	El león La ballena	Trabalenguas: El hipopótamo Hipo...	El zorro
	El sol Las estrellas	Rima: La luna ha salido... Rima: El cielo también tiene... Rima: Estrellitas y luceros... Rima: El sol y la luna...	Los gatos ven en la oscuridad

Garbancito

Había una vez un niño, tan pequeño, tan pequeño, que cabía en la palma de la mano. Le llamaban Garbancito.

Sus padres le querían mucho, sin importarles su tamaño, porque era su hijo.

Cuando Garbancito salía a la calle, para que nadie le pisara, cantaba muy alto:

—¡Pachín, pachín, pachín!
¡Mucho cuidado con lo que hacéis!
¡Pachín, pachín, pachín!
¡A Garbancito no piséis!

Un día, Garbancito acompañó a su padre al huerto. Su padre recogía las verduras y él jugaba entre las coles.

A poca distancia había un buey que se acercó a las coles y se comió una. Era la col en la que estaba Garbancito.

Cuando el padre de Garbancito terminó su trabajo, no encontró a su hijo. Llorando por la pena, avisó a su mujer y juntos le buscaron. Gritaban:

—¡Garbancito! ¿Dónde estás?

Buscaron sin descanso día y noche, con lluvia y frío, con sol y calor. Y aunque no aparecía, sus padres seguían buscando y llamando:

—¡Garbancito! ¿Dónde estás?

De pronto, escucharon a lo lejos la voz de Garbancito, que decía:

—¡Aquí estoy! ¡En la tripita del buey, donde ni nieva ni llueve!

Los padres de Garbancito se acercaron al buey. Le hicieron cosquillas en la nariz, el buey estornudó y Garbancito salió y cayó en los brazos de sus padres.

Los tres juntos caminaron hacia su casa cantando muy contentos:

—¡Pachín, pachín, pachín!
¡Mucho cuidado con lo que hacéis!
¡Pachín, pachín, pachín!
¡A Garbancito no piséis!

Cuento popular

Abuelita

Quién subiera tan alto
como la luna
para ver las estrellas
una por una.
Y elegir entre todas
la más bonita
para alumbrar el cuarto
de la abuelita.

Tomás Allende

Besos

Mi mamá me besa
antes de dormir.
Mi papá me besa
antes de salir.
Mi abuela me besa,
me besa feliz.
Mi abuelo me besa,
y me hace feliz.
Y beso a mi hermano,
él me besa a mí
en la punta misma
de nuestra nariz.
Esta es mi familia.
¡Besos para ti!

José González Torices

Mi hermano Miguel

A veces es malo
mi hermano Miguel.
Me quita mis cosas,
me rompe un papel.
Mi madre me dice
que es sólo un bebé.
A veces es bueno
mi hermano Miguel.
Y jugamos juntos,
y hacemos un tren.
Nos reímos mucho
sin saber por qué
cuando está de buenas
mi hermano Miguel.
A veces me enfado,
no puedo con él.
Pero yo lo quiero
y él, a mí, también.

María José Rico (fragmento)

Adivinanza

Se parece a mi madre
pero es más mayor,
tiene otros hijos
que mis tíos son.

(La abuela)

Trabalenguas

Para papá, pan,
para Pachín, también,
para pan, papá,
para pan, Pachín.
Parará, papá,
parará, Pachín, parará, parará.

¿Sabías que...?

Los árboles genealógicos son representaciones, en forma de árbol, de la historia de la familia.

Así como en un árbol, de un tronco nacen muchas ramas, y de éstas, a su vez, salen más ramas, así va creciendo cada familia a lo largo del tiempo. Tus abuelos tuvieron hijos y cada hijo otros hijos. Así se va ramificando el árbol de tu familia y se hace más grande y más grande y más grande...

Todos tenemos árboles genealógicos grandes y frondosos que han tardado muchos años en crecer y que seguirán extendiéndose con el tiempo.

El ciempiés que tenía frío en los pies

Érase una vez, un ciempiés muy friolero llamado Adrián. Cuando llegaba el invierno siempre tenía frío en los pies y nunca sabía qué hacer.

Un día, paseando por delante de una mercería, se le ocurrió entrar y comprarse unos calcetines. Pero no tenían suficientes calcetines para poder ponerse uno en cada pie.

Cuando salió de la mercería se encontró con su amiga, la vaca Natalia, a quien le contó:

—Tengo frío y no encuentro calcetines para todos mis pies.

Natalia le aconsejó que le contara su problema a Diana, la oveja.

Diana, aunque tenía lana, no sabía tejer. Por eso, se fue a visitar a la araña Julia, a quien le dijo:

—Adrián necesita unos calcetines para sus pies, yo tengo la lana pero tendrías que tejerlos tú.

Julia dijo que lo haría encantada. Y en un momento tejió cien calcetines.

Ahora, Adrián no tiene frío.

Adaptación del cuento de Marta Ortega.

Noviembre

Se va el otoño.
¡Noviembre ya!
Dentro de casa
qué bien se está,
leyendo cuentos
junto al hogar,
mientras la lluvia
cae sin cesar.

Ana Díaz (fragmento)

Mi árbol

Mi árbol tenía
sus ramas de oro.
Un viento envidioso
robó mi tesoro.
Hoy no tiene ramas.
Hoy no tiene sueños
mi árbol callado,
mi árbol pequeño.

Antonio García Teijeiro

La cometa

Hay una cometa
que flota en el cielo,
muy lejos del suelo
ligera y coqueta.
Hay una cometa
que imita a una nube:
ya baja, ya sube,
jamás se está quieta.
Hay una cometa
de vivos reflejos:
parecen espejos
buscando una meta.
Hay una cometa
serpiente de espuma,
que deja a la bruma
de sueños repleta.

Antonio García Teijeiro

Rima

El frío de invierno
tiene una solución:
el gorro, el abrigo
y la calefacción.

Adivinanzas

Los días son fríos,
las noches son largas
y el viento del norte
silba en la ventana.

(El invierno)

Viste de chaleco blanco
y también de negro frac.
Es un ave que no vuela,
pero nada. ¿Qué será?

(El pingüino)

¿Sabías que...?

Los icebergs son grandes pedazos de hielo que flotan en el océano.

Como pesan menos que el agua, una parte pequeña del iceberg asoma sobre el agua.

Pueden ser enormes, los más grandes se conocen como «islas de hielo».

Hace muchos años, un barco enorme, llamado Titanic, se hundió al chocar con un gran iceberg.

El angelito y su estrella

En un rincón del cielo estaba Benito.
Benito era un angelito pequeño y regordete.
Sostenía una estrella no muy grande pero con un brillo especial.
Estaba esperando que llegara el día en que Dios se hiciera hombre y naciera en Belén.

Ese día, Benito correría para poner la estrella que él guardaba en aquel lugar. Y de este modo, todos sabrían llegar allí y adorar al Niño: los pastores, los Reyes Magos y todos los niños del mundo.

Llegó el 25 de diciembre,
y nació Jesús en Belén.
Benito puso la estrella
en lo alto del portal.

Pero antes de regresar al cielo, se asomó para ver al Niño, y quedó cautivado por ese bebé.

No, no podía irse.
Quería quedarse junto
al Niño. La decisión
estaba tomada: se
quedaría en el portal.
A María y a José les
gustó su compañía.

Cuento inspirado en *Rastro de Dios* de Montserrat del Amo, SM.

Los cuentos van a Belén

El **gato con Botas**
a Belén se va
siguiendo la estrella
de la Navidad.

Mamá Cabra mira
la estrella de luz
que anuncia en el cielo
que nació Jesús.
—Iré a conocerle
mañana temprano.
Dos quesos que hice
serán mi regalo.
Y con los quesitos
también llevaré
mis **siete cabritos**
que jueguen con Él.

Pulgarcito quiso
marcharse a Belén
cuando le dijeron:
—Jesús va a nacer.
Le pidió al camello
que lo transportara
porque tuvo miedo
de que lo pisaran.
La **hormiguita negra**
quiere ir a Belén.
—Si no me doy prisa
nunca llegaré.

Llega **Alí Babá**
muy pronto a Belén.
Cuarenta ladrones
han ido con él.

Selección de textos de *¡Vamos cuentos a Belén!*,
Ana Mª Romero Yebra, Edelvives.

Los Reyes Magos

Ana y Daniel van camino de Belén. El camino es largo y se han perdido. De pronto, cuando empezaban a tener miedo, aparecieron los tres Reyes Magos. Llevaban coronas de oro y capas de terciopelo. También ellos iban a Belén y les llevaron en sus camellos.

Cuando llegaron, los tres Reyes se arrodillaron ante el Niño y le ofrecieron sus regalos: oro, incienso y mirra. Ana y Daniel se acercaron al Niño y le dieron su regalo: un beso.

El Niño sonrió feliz.

Adivinanza

Salieron de Oriente
con rumbo a Belén,
si quieres juguetes
escribe a los tres.

(Los Reyes Magos)

¿Sabías que...?

Belén es el nombre de la ciudad donde nació Jesús. Sus padres vivían en Nazareth, pero estaban en Belén cuando vino al mundo Jesús.

En esta misma ciudad, muchos años antes, había nacido el rey David.

Mira el mapa y verás en qué lugar de Palestina está Belén.

Mapa de Palestina
cuando nació Jesús

Peter Pan

En las afueras de la ciudad de Londres, vivían tres hermanos: Wendy, Juan y Miguel.
Una noche, cuando estaban a punto de acostarse, una lucecita entró en la habitación.
Los niños reconocieron a Peter Pan y Campanilla, que echó polvitos mágicos en los tres hermanos y empezaron a volar camino del País de Nunca Jamás.

Volaron,
volaron, como
las cometas
por el cielo.
Cuando se
encontraban cerca
del País de Nunca Jamás, vieron el barco
del Capitán Garfio. Después, visitaron la isla
de los Niños Perdidos y la aldea de los indios
sioux.

El gran jefe indio estaba muy triste y
preocupado porque su hija Lili había
desaparecido. Peter Pan se comprometió a
encontrarla. La buscó y encontró en la playa
de las sirenas, donde estaba prisionera del
Capitán Garfio. Peter Pan la liberó y devolvió
a su padre.

Después, presenciaron cómo el Capitán Garfio, al oír el tic-tac que anunciaba la cercanía del cocodrilo, se ponía nervioso. Temblaba tanto que acabó cayéndose al mar. Y nunca más se supo de él.

Los niños volvieron a su casa para dormir. Peter Pan y Campanilla les acompañaron en el viaje de vuelta. Y al despedirse, Peter les dijo:

—Aunque crezcáis, no perdáis nunca vuestra fantasía ni vuestra imaginación.

Adaptación del cuento de James Matthew Barrie.

La bruja

La bruja, la bruja,
se quedó encerrada
en una burbuja.
La bruja, la boba,
con escoba y todo
con todo y escoba.
Está prisionera,
chillando y pateando
de mala manera.
Tiene un solo diente,
orejas de burro
y un rulo en la frente.
Que llore, que gruña,
que pique su cárcel
con diente y con uña.
Que salte, que ruede,
que busque la puerta,
que salga si puede.
¡Se quedó la bruja
presa para siempre
en una burbuja!

Mª Elena Walsh

El gigante Gigantón

Como cada día, el gigante Gigantón, abrió un ojo y después el otro, se desperezó y se levantó de un salto que hacía temblar a toda la región y un poco más.

Cuando andaba, tropezaba con las montañas y las enviaba quién sabe dónde, y cuando el cielo se encapotaba siempre iba con la cabeza mojada por culpa de las nubes que le hacían de sombrero.

Para cruzar una cordillera sólo tenía que levantar un poco una pierna y ya estaba en el otro lado.

Jauma Cela, *El feliz sueño*, La Galera.

Adivinanza

Todo cubierto
con traje blanco,
cuando aparezco
a todos espanto.
(El fantasma)

Trabalenguas

A Cuesta le cuesta
subir la cuesta
y en medio de la cuesta,
va y se acuesta.

¿Sabías que...?

Se cuenta que hace muchos años vivían en la tierra unos animales llamados unicornios. Decían que eran animales mágicos, de gran fuerza y belleza, y contaban de ellos muchas historias.

En ellas, se decía que quienes comían su cuerno, en forma de polvo, no morían nunca. Por eso, los hombres cazaban estos animales y pagaban mucho dinero por ellos.

El Dragón que aprendió a leer

En una isla desierta, muy lejos de aquí, vivía un anciano y un Dragón.

El anciano pasaba el día mirando unos pequeños objetos y sonreía feliz. Se notaba que disfrutaba.

La curiosidad del Dragón cada día era mayor.

Por fin se atrevió a preguntar al anciano qué eran esos objetos que miraba.

Y el anciano le contestó:
—Son libros.
Como el Dragón no sabía qué era un libro, tuvo que preguntárselo al anciano. Y el sabio le contestó:
—Son hojas de papel, con dibujos y signos, que cuentan cosas. Pero hay que saber leer.
Y el Dragón se atrevió a preguntar si él podría aprender a leer.
—Sí —le dijo el anciano—. Y yo te puedo enseñar.
Y el Dragón aprendió a leer rápidamente, porque puso mucho interés y esfuerzo.
Leía, leía, leía.
Y llegó a leer con mucha rapidez y... ¡aprendió muchas, muchísimas cosas!

Adaptación de un párrafo de *Leo, el Dragón Azul*,
José A. Vil, Páginas de Espuma.

Lo que dura un cuento

El cuento
de los castaños,
dura muchos, muchos años.
El cuento
de los cipreses,
meses.

El cuento
de la manzana,
dura toda la semana.

El de la judía,
un día.

El de la mora,
una hora.

El del guisante,
un instante.

Y el de la granada,
nada.

Antonio Rubio

Adivinanza

Tiene hojas y no es árbol.
Tiene letras y no es sopa.
Tiene lomo y no es caballo.
Y te cuenta mil historias.
(El libro)

¿Sabías que...?

La biblioteca es un lugar mágico donde hay muchos libros y donde todos somos bienvenidos.

Allí hay muchos libros diferentes. Libros grandes y pequeños. Libros para mayores y para niños. Libros para todos los gustos y para todas las necesidades.

Libros para aprender cosas nuevas. Y libros para disfrutar y jugar. Hay libros de animales, de personas, de cosas. Libros de sueños y fantasía.

Allí viven y existen seres que nunca verás: ogros, hadas, enanos, brujas y gigantes.

El camaleón y el arco iris

Te voy a contar el cuento de un camaleón orgulloso y presumido.

El camaleón pensaba que era el animal más bello del mundo. Y se reía de los demás porque no podían cambiar de color como él.

Todos los animales admiraban sus colores. Pero no le querían, por su mal humor y su vanidad.

Un día, cuando paseaba por el campo, comenzó a llover. Después de la lluvia, salió el sol y apareció el arco iris.
El camaleón alzó la vista y se quedó sorprendido al verlo. Pero enseguida pensó: «No es tan bello como yo.»
Un pajarillo que estaba en la rama de un árbol cercano, le dijo:
—Si no sabes admirar la belleza del arco iris, es difícil que seas feliz. Yo te puedo ayudar a conocer sus bonitos colores.

El pajarillo y el camaleón se tumbaron en el prado. Los colores del arco iris fueron posándose sobre ellos. Primero el color rojo, después el color naranja. Pasó luego el color amarillo y el color verde. Luego el color azul se colocó justo delante de ellos. Vino después el color añil y el color violeta.

Entonces, de los ojos del camaleón cayeron unas lágrimas. Estaba arrepentido de haber sido tan orgulloso. Sentía pena al darse cuenta de las cosas hermosas que había despreciado.
Pidió perdón al pajarillo y a los demás animales, y desde aquel día se volvió más humilde.

Adaptación del cuento de Marisa Moreno.

Yo quiero...

Yo quiero reír.
No quiero llorar.
Yo quiero sentir
el verde del mar.
El verde del mar
y el azul del cielo.
Yo quiero, yo quiero
tal vez navegar.

Antonio García Teijeiro (fragmento)

La nube

La nube más blanca
sale de paseo.
Parece una oveja,
parece un cordero,
parece un caballo
sin su caballero.
Se estira, y parece
un ancho pañuelo.
Se encoge, y parece
tan sólo un recuerdo.

Carlos Murciano

La familia de Jorge

La familia de Jorge vive en una casa de color blanco. Como la nieve y como la nata sin fresas.

Tienen un coche verde. Como los bosques y los prados en verano.

Jorge tiene los ojos de color azul. Como el mar y como el cielo sin nubes.

Jorge tiene el pelo de color negro. Como el carbón y como una noche sin estrellas.

El hermano de Jorge tiene los ojos de color marrón. Como la madera y como la tierra después de la lluvia.

La madre de Jorge tiene los labios de color rojo. Como las cerezas y como los corazones.

El padre de Jorge trabaja con un mono de color naranja. Como las mandarinas y como el sol al atardecer.

La abuela de Jorge tiene el pelo de color gris. Como el humo y como los días lluviosos.

Adaptación de Jorge y los colores,
Marina Rubio i Martori, La Galera.

¿Sabías que...?

El arco iris aparece en el cielo cuando sale el sol, después de la lluvia. Es un conjunto de arcos de siete colores: rojo, naranja, amarillo, verde, azul, añil y violeta. El color rojo está en el borde exterior y el violeta en el borde interior.

No dura mucho y siempre aparece en el lado opuesto al sol.

El patito feo

Mamá Pata llevaba ya muchos días empollando sus huevos. Y por fin, nacieron los patitos. Pero uno era distinto, era grande y feo.

Las aves del corral lo miraron con desprecio y empezaron a tratarlo mal. Por eso, el patito feo decidió marcharse.

Se fue hasta un pantano donde vivían unos patos salvajes que le dejaron quedarse con ellos. Allí era feliz.
Pero llegó el otoño y aparecieron los cazadores. El patito tuvo que esconderse y buscar dónde vivir. Encontró un gran lago y allí pasaba los días nadando bajo el sol.
Cuando llegó el invierno, soplaban vientos fríos y el agua del lago empezó a helarse. Un campesino que pasaba por allí salvó al patito de morir congelado y se lo llevó a su casa.
Pero tampoco allí se sentía cómodo. Se escapó y logró sobrevivir.

Ya en primavera, casi sin darse cuenta, empezó a volar. Llegó hasta un jardín con un gran estanque donde nadaban tres hermosos cisnes. Se acercó a ellos y al inclinar la cabeza vio en el agua el reflejo de su cuerpo y se dio cuenta de que era como ellos.

El patito de este cuento, no era un pato grande y feo, era un cisne.

Se sintió feliz. Había encontrado su hogar.

Adaptación del cuento de Hans Christian Andersen.

El gato Pepe

Un gato grande
tiene mi abuela,
sólo lo veo
si no hay escuela.
Se llama Pepe,
caza ratones
y siempre araña
los almohadones.

Duerme en verano
bajo la encina
y en el invierno
por la cocina.
Trepa a la higuera
y a los tejados
y me lo encuentro
por todos lados.

Ana Mª Romero Yebra (fragmento)

Mamá Gallina

Una gallina muy loca,
que alborota en el corral,
ha perdido su huevito
y no sabe dónde está.
Corretea por los nidos,
pregunta aquí y allá.
¿Quién ha visto su huevito?
¿Su huevito dónde está?

Mª Lourdes García Jiménez

Adivinanzas

En el estanque me admiran
por mi elegancia y belleza.
Tengo cuello largo y fino
y muy bonita cabeza.
(El cisne)

Un cordial amigo
que sale a tu encuentro
y llena tu cara
de húmedos besos.
(El perro)

Alto, altanero,
gran caballero,
gorro de grana,
capa dorada,
espuelas de acero.
(El gallo)

Trabalenguas

Mi caballo pisa paja,
paja pisa mi caballo.

Canción

Ratón que te pilla el gato,
ratón que te va a pillar,
si no te pilla esta noche,
te pilla a la madrugá.

¿Sabías que...?

Los ciempiés son animales blandos porque no tienen esqueleto.

Su cuerpo es alargado y estrecho, y está formado por anillos que les permiten moverse. En cada anillo tienen dos patas.

En su cabeza tienen dos largas antenas que les guían, pues sus ojos casi no ven.

Su color es marrón-verdoso y su tamaño muy variado.

Se alimentan de cualquier insecto que se arrastre por el suelo.

La risa de Hugo

Hace mucho tiempo conocí a un niño que se llamaba Hugo.

Había viajado por todo el mundo. Había recorrido todos los mares, todos los desiertos, todas las selvas, y subido todas las montañas. Hablaba todos los idiomas que te puedas imaginar.

Hugo iba siempre acompañado con el sol. Y cuando caía la noche, el sol y él se echaban a dormir mientras un manto de estrellas cubría sus sueños.

Los ríos le llamaban para que fuera a beber en ellos.
Los árboles se ponían tan contentos de verle, que bailaban hasta que los frutos de sus ramas caían al suelo para darle así de comer.

Para saber dónde estaba Hugo, sólo había que escuchar atentamente. Pues Hugo siempre se estaba riendo, y sus risas eran recogidas por su amigo el viento y su amigo eco, y llevadas por todas partes.
Así que, cuando oigas risas, y no sepas de dónde vienen, es que estás oyendo a Hugo.

Adaptación del cuento de Sandra García, L. M. García Aguirre y Agustín Vidal, *Cuando los árboles bailan*, Unicef.

Primavera

Los pajaritos cantan
y hacen sus nidos.
El peral y el manzano
ya han florecido.
Alegre mañanita de primavera.
Baila el sol en el césped
de la pradera.
Tuvo doña coneja
diez conejitos,
y en un día nacieron
treinta pollitos.
Han esquilado a todas
las ovejitas:
la primavera quiere
que estén fresquitas.

Popular de Argentina

El poeta

Con las hojas
de la yedra
se hace trenzas
el poeta.
Y se perfuma
la barba
con madreselva.
Y se tiñe
las camisas
con rosas frescas.
Y regala
nomeolvides
a las estrellas.

Antonio Rubio.

El buhonero

Va gritando el buhonero:
¡Cambio jarabe de fresas
por pendientes de cereza!
¡Cambio caja de colores por
un ramito de flores!

Trabalenguas

Un limón y medio limón,
dos limones y medio limón,
tres limones y medio limón,
cuatro limones y medio limón,
cinco limones y medio limón.

Adivinanzas

Con mi cara roja,
mi ojo negro
y mi vestido verde
el campo alegro.
(La amapola)

Quita una «ene» a violenta
y quedará un color
que, además, es una flor.
(Violeta)

Zumba que te zumbarás,
van y vienen sin descanso,
de flor en flor trajinando
y nuestra vida endulzando.
(Las abejas)

¿Sabías que...?

El helicóptero es un aparato que sirve para transportar, por el aire, personas o cosas de un lugar a otro. Despega y aterriza de abajo arriba (verticalmente) y puede volar hacia delante, hacia atrás y de lado.

También puede colocarse en el aire sobre un determinado lugar y de este modo rescatar a alguien o algo. Por ejemplo, salvar a alguien de un edificio en llamas o salvar a una persona que se ha caído al mar.

La canción más bonita

Érase una vez un rey que tuvo un sueño. Soñó que un pájaro cantaba una bonita canción. Al despertar, hizo llamar al pajarero y le pidió que le trajera ese pájaro al que había oído cantar en sueños.

—Te doy de plazo 7 días para que lo busques y me lo traigas, porque quiero tenerlo en palacio.

El pajarero, que temía que el rey se enfadara, cogió su flauta y su red, y se fue en busca del pájaro pedido. Escondido en el jardín, tocó la canción del MIRLO y, cuando el mirlo salió de su nido, lo cazó con la red, lo encerró en una jaula y se lo llevó al rey.

El rey, enfadado, gritó:

—No, éste no es.

El segundo día, el pajarero capturó una ALONDRA y se la llevó al rey, que dijo:

—No, éste no es.

El tercer día llevó al rey una OROPÉNDOLA:

—No, éste no es.

El cuarto día consiguió un TORDO. Pero el rey lo rechazó:

—No, éste no es.

El quinto día capturó un REYEZUELO y el sexto día un RUISEÑOR, pero tampoco eran los que el rey buscaba.

Llegó el séptimo día. El pajarero no sabía imitar a ningún otro pájaro y pensó que se acercaba el momento en que el rey le castigaría.

Cogió su flauta, se acercó al palacio y tocó su propia canción. Y el rey, al escucharla, gritó:

—¡Esta es la canción! ¡Esta es la canción que escuché en el sueño!

Llamó al pajarero y le pidió que le entregara el pájaro. El pajarero contestó:

—No es ningún pájaro el que ha cantado. Es mi propia canción.

El rey quiso oírla una y otra vez. Luego organizó una fiesta y puso en libertad a todos los pájaros. Además, premió al pajarero haciéndole músico de Palacio.

Adaptación de *La canción más bonita*, Max Bolliger, SM.

Suenan

Suena la flauta,
suena el tambor,
suenan las notas
de mi corazón.

Antonio García Teijeiro

Canción

Bartolo tenía una flauta
con un agujero sólo
y a todos daba la lata
con su flauta el buen Bartolo.
Bartolo tenía una flauta
con dos agujeros sólo
y a todos daba la lata
con su flauta el buen Bartolo.
Bartolo, Bartolo tenía una flauta
con tres agujeros sólo...

Siete hermanos músicos

Son siete hermanos que forman una orquesta, tocando cada uno un instrumento.

El mayor toca el piano:
do, re, mi, fa, sol…

La segunda toca el violín:
ñigo, ñigo, ñi.

El tercero toca el contrabajo:
blun, blun, blun.

El cuarto toca la flauta:
tiro, liro, li.

La quinta toca la trompeta:
tararí, tarará.

El sexto toca la batería:
rataplám, chin, pon.

Y la pequeña toca la guitarra:
ram, ram, ram.

Adaptación de *Siete hermanos músicos*,
Elisabet Abeyá, La Galera.

Adivinanza

Se toca con dos palillos,
sale siempre en la procesión
y es un instrumento de percusión.

(El tambor)

¿Sabías que...?

¿Alguna vez has oído el eco? Si has salido al campo y había cerca montañas, habrás podido comprobar que si gritas una palabra, tu voz rebota contra la montaña, que te devuelve el sonido. Es como si alguien nos imitara.

Tú gritas: «¡Mamá!», y enseguida escuchas: «¡Mamá!»

A esto se llama eco.

En algunos lugares el eco te devuelve no sólo una palabra sino dos o tres.

El libro de la selva

Una antigua leyenda india cuenta que, en la selva, un niño fue alimentado y criado por una familia de lobos. Lo encontró una pantera, llamada Bagheera, y se lo llevó a la loba para que lo criara.

Al niño lo llamaron Mowgli. Los lobos lo cuidaron. Y la pantera Bagheera lo vigilaba y jugaba con él, en espera de que fuera lo suficientemente mayor para llevarlo a la aldea de los hombres, pues pensaba que eso era lo mejor para el niño.

Cuando tenía diez años, la pantera pensó que ya había llegado el momento. Lo llevó de paseo sobre su lomo, y después de unas horas de camino le explicó a Mowgli adónde se dirigían.

Mowgli protestó:

—Yo no quiero ir, yo quiero quedarme en la selva contigo y con los lobos.

Y a todo correr, se escondió en la selva.

La pantera lo encontró cuando estaba siendo atacado por la serpiente Kaa.

A pesar de los peligros pasados, Mowgli seguía pensando que no quería vivir con los hombres.

Volvió a escaparse de
la pantera y se fue
con el oso Baloo, que le
prometió enseñarle cómo
sobrevivir en la selva.
Mowgli vio enseguida
que no le servían las
enseñanzas del oso
pero era muy divertido jugar con él en el río.
Y Mowgli, cada vez se afirmaba más en su
decisión: «No quiero irme al poblado, siempre
he vivido aquí, es más bonita esta vida, buscar
mi comida, jugar y reír.»
Jugando y riendo, el río les arrastró hasta
un remanso donde quedaron parados
y dormidos. Cuando Mowgli despertó, se
encontró rodeado de buitres y se puso a jugar
con ellos. Estaban tan distraídos que no
vieron llegar al gran tigre Shere Khan, que
había jurado devorar a Mowgli y le había
seguido por la orilla.
Cuando Shere Khan se disponía a comérselo,
Mowgli despertó a Baloo y el tigre huyó.

Adaptación del cuento de Rudyard Kipling.

Sinforoso

Yo soy un elefantito
y me llamo Sinforoso,
pero desde pequeñito
dicen que soy muy ruidoso.
Cuando me sueno los mocos,
la casa empieza a temblar;
rompo todo lo que toco,
y cada vez que estornudo
mil moscas mato a menudo.
¡Es para echarse a llorar!

Natalie Louis-Lucas

La jirafa

Hoy me ha dicho la jirafa:
—Cuando acabes de estudiar,
jugaremos en el parque.
Y yo haré de tobogán.

Ana Mª Romero Yebra

Adivinanzas

Si me escribes como es,
soy de la selva el rey.
Si me escribes al revés,
yo seré Papá Noel.

(El león)

Es la reina de los mares,
su dentadura es muy buena,
y por no ir nunca vacía,
siempre dicen que va llena.

(La ballena)

Trabalenguas

El hipopótamo Hipo
está con hipo.
¿Quién le quita el hipo
al hipopótamo Hipo?

¿Sabías que...?

El zorro es un animal que vive en todos los países del mundo. Hay zorros de distintos colores de piel. Les gusta vivir en zonas donde hay muchos árboles y plantas.

El zorro que vive en España tiene colores rojizos y grises, y una larga cola; su hocico es picudo y sus orejas grandes y afiladas; se alimenta de carne y también de frutas.

Es rápido corriendo y nadando. Siempre que tiene ocasión, caza y esconde su presa bajo la tierra.

Este animal tiene mala fama por atacar a los animales de las granjas —gallinas, corderos, patos, etc.—, causando grandes destrozos.

Chitina y su gato

Chitina tiene un gato al que llama Casi. Eran amigos. Pasaban todo el día juntos y por la noche Casi dormía en un cestillo a los pies de la cama de Chitina.

Ayer, en mitad de la noche, Chitina se despertó y se asustó al comprobar que Casi no estaba en la habitación. Salió a buscarle al jardín.

Estaba todo muy oscuro y Chitina cerró los ojos. Llamó una y otra vez a Casi.

En el silencio de la noche, el sonido de su propia voz le daba miedo. Se tapó los oídos con las manos para no oír nada y avanzó unos pasos.

De pronto notó que alguien la sujetaba el camisón. Se quedó muy quieta, con los ojos bien cerrados y las manos tapando sus oídos. Luego se dio cuenta que no había nadie, que se había enganchado en una rama. Al desengancharse, las rosas del rosal le dieron su perfume, y una luciérnaga le preguntó:

—¿Por qué tienes los ojos cerrados?

Chitina respondió:

—Está muy oscuro y tengo miedo.

Las estrellas se rieron y dijeron:

—¿Cómo quieres ver la luz con los ojos cerrados?

Chitina los abrió. Y sonrió, maravillada. Toda la noche estaba llena de puntitos de luz. La luna, las estrellas, las luciérnagas, el farol. Y hasta las flores parecían lucir en lo negro.

Todas las cosas de la noche le ayudaron a buscar a su gato.

Chitina, con el gato en brazos, cruzó el jardín y regresó a su casa. En la puerta se volvió y dijo:

—¡Gracias, noche!

Adaptación del cuento *Chitina y su gato*, Montserrat del Amo, Editorial Juventud.

Luna lunera

Luna lunera,
cascabelera,
rodando sola
sin compañera.
Luna lunilla,
cabezoncilla,
toda la noche
brilla que brilla.
Luna lunada,
semimojada,
por el arroyo
nada que nada.
Luna luneta,
corniveleta,
jugando al toro
por la glorieta.

Carlos Murciano

Rimas

La luna ha salido,
el sol ya se va;
una luciérnaga
sale a pasear.

Antonio Ródenas

El cielo también tiene
muchos luceros,
que salen por la noche
con sus sombreros.

Marina Romero

Estrellitas y luceros,
pintados con mucho amor,
¡quiero subir a la Luna
y llenarla de color!

Antonio García Teijeiro

El sol y la luna.
De día calienta el sol.
De noche sale la luna.
Y mi amigo el caracol
lo ve desde la laguna.

Maica P.

Adivinanzas

Doy calorcito,
soy muy redondo,
salgo prontito
y tarde me escondo.
(El sol)

Si está el sol
no veo ninguna.
Si está la luna
veo un millón.
¿Quiénes son?
(Las estrellas)

¿Sabías que...?

Por la noche es difícil ver lo que nos rodea porque nos envuelve la oscuridad, que es falta de luz.

Pero los gatos ven en la oscuridad. Sus ojos están preparados para dejar pasar más cantidad de luz. Y por eso, por la noche, cuando casi no hay luz y otros animales no ven nada, los gatos pueden distinguir lo que hay cerca de ellos.

Esto mismo les pasa a los tigres, a los leopardos, a las panteras y a otros animales.